Jah Chalwa

About the author.

This is a book of poetry by the great Jah Chalwa. (1953 to ?)

 Q. What was his real name?

 A. He preferred to be called Jah Chalwa and so his birth name is immaterial I suppose.

He originally came from Jamaica and settled in London. He married a white British girl who sadly died. Jah Chalwa was heartbroken. He returned to Jamaica and from reading his poems you can see that he didn't want to die in England but be buried in his homeland.

Recently he became a Christian and this can be seen in the final poems or lyrics he penned. I believe some of the words were those of his beloved wife.

Jah Chalwa is an unknown hero of poetry. So, as a friend of his, I have collected all the works of his that I can. He always said he wanted his work published one day so I have compiled this volume in his honour.

Jah Chalwa wrote mostly in his Jamaican way of speaking and therefore the wording is more as you would hear it rather than a literal language. It's more about how he speaks rather than having correct grammar. It's to be heard aloud rather than read. The patios used is not really a written language but it is a spoken one. That is why sometimes there are inconsistencies with how just one word is written.

Thanks go to Jah Chalwa for supervising this work.

Thanks go also to his family and friends who requested this small collection to be published.

Here is his original introduction to his works:

"Fi me people them. Sufferahs. Rich man. Poor man. Beggar man. Teef.

Dis a likkle selection of mi words dem. Mi write in patios with no translation. Like a tree planted by the waters of life dis ya words is for mi idren them. Black or white is all the same in Jah Jah sight. These words are fi de youth them….youth

of all ages. Rasta, baldhead and anybody I and I give you one love.
Jah. Rastafari. Selassie I. Most high God. Ever living. Ever true. One love.
Rasta know."

London Life

London flats cold and damp
Brixton town a weh mi ramp
Babylon jancrow knock mi door
Cyant catch de I wi ganja galore

Babylon racist police coppa
Vex mi bad dem a coba coba
Flash mi natty locks Rasta know
Babylon fall in London snow

Play mi likkle dub plate inna mi yard
Babylon beast ears a hard
Brixton yard Railton Road blues
Dis ya hard nuh junkunoo

Snow a fallin 1982

Rub a dub time nuh bandooloo
Bangarang gwaan above mi head
Woman fighting with baldhead

Turntable plays my best dub plate
U Roy, I Roy and Black Slate
London flats cold and damp
Brixton town a weh mi ramp

Yam and pumpkin a Ridley Road
Cho cho and snapper so it a go
Snow a fallin 1983
London life in my teens

Get employment on the railway
One learned to speak in a proper way
But mi a yardie in mi heart
Co from Jamaica a weh me start

London flats cold and damp
Brixton town a weh mi ramp
<u>Pickney Dem</u>

Mi gyal
Mi pickney
Hear wha mi seh
Mi bwoy
Mi pickney
A mi words deh

Nuh run up yuh mout
Nuh be le go beast
No su su in a mi yard
Mi nah go repeat

Mi gyal
Mi pickney
Hear wha mi seh
Mi bwoy
Mi pickney
A mi words deh

Live good gyal
Live good bwoy
No coba coba tings
Becau dem will destroy

Mi gyal
Mi pickney
Hear wha mi seh
Mi bwoy
Mi pickney
A mi words deh

Fi truth and rights
Fi will come good
No wanga belly
Mi understood?

Mi gyal
Mi pickney
Hear wha mi seh
Mi bwoy
Mi pickney

Yam

Eat up yuh yam
Rice and peas too
Bammi and banana
Pound foo foo

Mi gyal
Mi pickney
Hear wha mi seh
Mi bwoy
Mi pickney
A mi words deh

Mi pickney dem
Mi nah fool fool
Weh yuh a go?

Mi send yuh a school

Mi gyal
Mi pickney
Hear wha mi seh
Mi bwoy
Mi pickney
A mi words deh

Babylon Rough

It rough in a babylon
It hard fi a yardie
It tough in a babylon
Mi know already

De bull him a run
Him run up him mouth
When babylon come
Yuh see wha im about

When mi come fi Hinglan
It always rain
It cold like rahtid
Mi work on a train

Mi bun fire bright
When I reach a yard
Mi sip likkle rum
Mi nuh be too hard

Mi sekkle in London
Mi get Hinglish wife
We goh move up north
Mi nah fuss nor fight

Mi go back Jamaica
When me haffi retire
Mi nah stay a Hinglan
Where mi nuh wanna die

<u>I and I</u>

Ites gold and green
I and I
A Rasta dreadlocks
I and I
Hail yuh star
I and I
Beardsman smokes
I and I
Black Starliner come
I and I
Mi waan go Africa
I and I
A who seh dat?
I and I

Atrue.

Repatriation

One day the Blackstar liner a come
To tek we back to our father's land
Africa the land of we home
Addis Ababa Jah Jah throne

Sweet Jamaica and London too
Black and white. Mi know it a go true!

One day the Blackstar liner sail
To tek we back where life began
Jah Rastafari sit above all
One love sing the victory song

Sweet Trinidad and Florida too

Black and white. Mi know it a go true!

One day the Blackstar liner a goh
Fi truth and rights for iver so
Nuh downpresser in a mi yard
Addis Ababa Rasta know!

Sweet St Vincent and Birmingham too
Black and white. Mi know it a go true!

Yardie I

Living in da yard
Nuff people dem

Sufferation hard
In a May Pen

Yardie I
Truth and rights

Blue mountains
Montego bay
Babylon nuh take
We freedom away

Yardie I
Truth and rights

Workin hard bwoy
Til Jah Jah a come
Ganja hustle
Til daylight done

Yardie I
Truth and rights

Dis a likkle rhyme
Fi one and all
Toil in de sun
Babylon a fall

Yardie I
Truth and rights

Irie festival
Junkunoo time
Nuh fenky fenky
Inna mi rhyme

Yardie I
Truth and rights
Yardie I
Truth and rights
<u>Seen</u>

Yuh have some man
Eat rice and peas
Yuh have some man
Fishin in da seas

Yuh have some man
Drink im rum
Yuh have some man
Inna Jamdung

Yuh have some man
Gwan a foreign
Yuh have some man
Beg and borrow

Yuh have some man
Troddin dis land

Yuh have some man
Champion

Yuh have some man
Craven a dem
Yuh have some man
Faas like flim

Yuh have some man
I man know
Yuh have some man
Jus le go

Yuh have some man
Jook im fren
Yuh have some man
Machet in im hand

Yuh have some man
Nuh true?

<u>Nah Love dat</u>

See jancrow

High in the tree
Lookin dung
Pon you and me

Bandooloo man
Mi nah love dat
Buck aaf im shoe
Im bruk out

Gimme likkle bokkle
Gimme pipe water
See jancrow
Jook likkle darta

See jancrow
Look pon I
Nah love dat
Mus get a bly

Bandooloo man
One small axe
Chop big tree
Laaaaxxxxx

Ress Yuh Foot

Ress up yuh foot
Inna mi yard
Run a boat
Draw yuh cyard
When Jah Jah come
Inna mi yard
Ress up yuh foot
Life nuh hard

Dress back bwoy
Dancehall stylee
Run a boat
Feelin irie
Ress up yuh foot
Laax nuh man
Le go beast
Jamdung land

Samfi man
Go weh from me

Run a boat
Nuh fenky fenky
Ress up yuh foot
A weh mi goh?
Ress up yuh foot
Run a boat

Dub Style

Rootsman rootsman
In a dub
Congo natty dread
All one blood

Dreadlocks dreadlocks
Lick da chalice
Bongo man I
Nuh deal with malice

Ital Ital
Ital stew
Sistren bredren
Special brew

Manley manley
Inna mi pocket
Nanny nanny
Mi nah drop it

Rootsman rootsman
In a dub
Congo natty dread
All one blood

Rub a dub stylee
Inna de dance
Rootsman skanking
Jump an prance

Nyabingi chant
Mash dung babylon
Beardsman skanking
Jah Jah a come

<u>Who seh dat?</u>

Mi heard da 'B' word
Who seh dat?
Mi seh

A who seh dat?
A yuh likkle sistren
A you seh dat
Sekkle dung darlin
Blouse and skirt

Mi hear da 'R' word
Who seh dat?
Mi seh

A who seh dat?
A yuh likkle bwoy
A you seh dat
Laax nuh man
Nuh fuss nor fight

Man Dem

Mi never disrespect a man
When a rachet in im hand
Mi never disrespect a gyal
Even she fi just jinaal

Beggy beggy people
Dem a sheeple

Mi never disrespect a man
When a boomshot in im hand
Mi never disrespect a gyal
Even she fi just fool fool

Bandooloo people
Dem rahtid sheeple

Mi never disrespect a bredda
When im play ital reggae
Mi never disrespect a sistren

If dem Jah Jah Idren

Mi never disrespect a man
Unless im Babylon ta raas

Inna Mi Yard

Selassie I picture on my wall
Ites and gold and green
Read da Bible, meditate
Seen Rasta, seen

Rain a fall on mi window
Cyar a driving by
People walking to and fro
Mi a light mi fire

Rice and fish and Sat'day soup
Praise Jah Rastafari
Colly weed mek a cloud
Rasta feelin high

London winter far too long
Iya man survive
People walking to and fro
Mi a blaze mi fire

One love bredren peace to all
I and I and I
People walking to and fro
Mi a light mi fire

Slavery Done

Slavery done Jah know dat
Chains removed stone cold fact
Mental slavery a goh it so
Mash dung Babylon Jah Jah know

Free your mind free your soul
Rastafari Lord of old
Mental slavery a goh it so
Mash dung Babylon Jah Jah know

Slavery done Jah know dat
Chains removed stone cold fact
Free your mind free your soul
Rastafari Lord of old

I Don't Trust Police

This is no joke thing
I don't trust the police
Public servants?
No. Legalised thieves

I drive mi car good
Get pulled aside
Mi documents I show
Police get snide

They hate dark skin
Try to charge wi fi weed
But me nah have none
Getlicks til mi bleed

Yuh cyan't complain
They jus hassle you more
Dem tamper with evidence

Dem above the law

Yuh cyan't charge them
They laugh in yuh face
Scandal yuh name
All over the place

I don't trust the cops
In them uniform
They batter yuh down
Them spit pon yuh door

I don't trust babylon
Liars and robbers
That's the truth
About British coppers

A few o dem think
He police are your fiends
Cops sly like snakes
The law dem a bend

This is no joke thing
I don't trust the police
Public servants?
No. Legalised thieves!

Dark inna it

Dark inna dance'all
Man mash hand
Ooman cry fi mercy
On a microphone stand

Dark inna dance'all
Big box boom
Bass just a pumping
Skanking tune

Rub a dub dancing
A wet me up
Dark inna dance'all
Bredda lick wood

Dark inna dance'all
Kiss mi neck
Light just a goh so
Lambeth North

Dark inna dance'all
Sammy dread dead
Dark inner city
Wanstead road

Dark inna dance'all
Sip yuh brew

Flash yuh natty dreadlocks
Ital stew

Dark inna dance'all
Breddaman know
Dark, it dark suh
It a goh so

Sista Monica

Sista Monica
Pot a bwoil
Stir cock soup
Nuh let it spwail

Sista Monica
Fry dumpling
Stir da pot
Add sinting

Sista Monica
Live a yard
Times a tough
Times a hard

Sista Monica
Pickney dem a school

Come up in life
Nuh fool fool

Sista Monica
Man a foreign
Bring back dunzai
Fi where him agwan

Sista Monica
Country hard
Live in hope
Yuh back a yard

Sista Monica
Upfull living
Praise Jah Lord
Be forgiving

Sista Monica

Words mi write
Live life good
Tings alright

Trod an Galong

In mi marina
Rebok foot
Jogging bottoms
Fi rub a dub

Yuh mussa bull bucka
Yuh cyant ketch kangry
Poppy show ooman
Trod from country

In mi apartment
Ketch yuh yeye
Ramp wid chalwa
Fish fi fry

Yuh mussa bull bucka
Yuh cyant ketch kangry
Poppy show ooman
Trod from country

In mi meditation
Rasta a come
Tek we back
Wheh mi a come from

Yuh mussa bull bucka

Yuh cyant ketch kangry
Poppy show ooman
Trod from country

In mi Toyota

Sun jus a blind mi
Ride hill an gulley
Babylon behind we

Yuh mussa bull bucka
Yuh cyant ketch kangry
Poppy show ooman
Trod from country

In mi minivan
Go a May Pen
Trod and galong
Irie seen

Jamaica the land of my father

Jamaica the land of my father
I will a run come home
Before wi dead
Res up mi head
Jamaica mi soon soon come

When mi lef fi Henglan
Mi froze like lolly pop
Winter too cold
Face favour old
Mi work until we drop

Mi pickney them a mixed race
From one baby mother belly
Mi blue yeye gyal
Cook just as well
As me mudda from Trelawney

Mi travel America just one time
Mi nuh like the racist them
U.S.A.
Klansman, goh weh!
Remove an go to hell

Henglan is cold but not too bad
Mi mek nuff friend dem dere

Black and white
And mixed delights
One a dem even da Mayor

Jamaica the land of my father
I will a run come home
Before wi dead
Res up mi head

Jamaica mi soon soon come

Jamaica the land of my mudda
I will a run come home
Before wi bury
Mi sista Cherry
Jamaica mi run come soon

Life A Henglan

Mi darta go a Henglish school
She chat so Henglishly
Mi two son work for fire brigade
Mi proud fi mi pickney

Mi used to toast fi sound system
But now de music died
Mi sit alone stare at cold wall
Jus talawa thoughs abide

Mi old man now wi walking stick
Shop dung Ridley Road
Avocado, pepper sauce
A weh da good times goh?

Fi mi pickney I call name
Andrew, Marcia and Jon
Half Jamaican half Henglish
From many a come one

People people listen a mi nuh

Mi time is runnin thin
Live good upfull dreadlocks I
Until yuh work is done

Fi mi ooman I call name
Sharon, but she dead
Cancer tek she to Jah hand
Until we meet agen

On that day a Shashimani land
Sittin at Jah side
Until then mi ope and pray
Jah a yarda guide

Life in a Henglan dis mi tale
Flash mi natty dread
New days come upon wi land
Rasta guidance spread

Caymanas Park

Caymanas park
Dung a Portmore
Mi come fi bet pon horse
St Catherine area
Wi mi dunza
Dis ya irie sport

For The Old Guard

Marcus sold for rice and peas
Inna dread dread time
Marley shot in the arm
Tosh im just agwaan

Roy Shirley and Mikey Dread

Maxi Priest, John Holt too
Whole o dem res in Jah Jah hand
Wi cry like a patoo

Alton Ellis, Byron Lee
Delroy Wilson gwaan
Errol Scorcher seh im shot

Farewell Barry Brown

Poor Slim Smith and Mao Chung
Gregory Isaacs as well
Joe Gibbs and Garnet Silk
Goodbye Augustus Pablo

Mi cyan remember whole o dem
But sad the world outside
Dis ya fi de old guard dem
The day the reggae died

Miss Mary

Back in the 60's Miss Mary came to Hengland

She sekkle in Cambridge and rented housing
She lived downstairs with a neighbour above

One December it looked like it snow a come

She laugh til her belly bust getting excited
She called her pickney 1, 2, and 3
"Come outside the snow jus a fall nuh man."
But when they got there that nah what them saw

Up above from a different apartment
Shaking pillows from she windows so she goh
Mrs Jackson was cleaning like a whirlwind
Feathers just a fallin look like snow

Mi seh
Feathers just a fallin look like snow

A change of style here for no other reason than I can!

Christmas Hymn for an English Church

In fields afar and long ago
The shepherds watch the sheep at night
Declaring joy they hear the voice
From Angels borne in Holy Light

In a manger sleeps a child
Virgin Mary rests her head
O what a night forever more
Joseph tends the baby's bed

And we will speak of this each year
A time of joy for all to hear
Messiah's born don't shed a tear
His love will take away your fear

A star at night burning bright
High in the sky and shining bold
The magi ride to Bethlehem
With Frankincense, Mur and gold

Mothers cry at Herod's hand
He won't escape the God on high
Wherever evil men come forth
Their fate is sealed by and by

And we will speak of this each year
A time of joy for all to hear
Messiah's born don't shed a tear
His love will take away your fear

The son of God yet Joseph's boy
Approved by the Lord of Hosts
In fields afar and long ago
A message from coast to coast

What this time means for you and I
Remember joy and mercy mild
For as we cast our eyes to him
Born of Mary a human child

And we will speak of this each year
A time of joy for all to hear
Messiah's born don't shed a tear
His love will take away your fear

<u>**Harvest Festival Hymn for an English Church**</u>

Bring the grain

Bring the fruit
Bring my brimming cup
Praise the Lord
Praise the Son
Praise the one that sups

Eat your meal
Say your prayers
Of thanks unto the Lord
He is there
And will feed you
Til Heaven be your reward

A harvest
A harvest
A time to bring us hope
A harvest
Good harvest
A time to bring us hope

Bring the rain
Bring the night
Bring my brimming cup
Praise the Son
Praise the Spirit
Praise the one that sups

Eat your meal
Say your prayers

Of thanks unto the Lord
He is there
And will feed you
Til Heaven be your reward

Talk Proper

How do you do
Sir and Ma'am
May I say how grand
It is to meet you
On this day
And shake your bally hand

Didn't England
Do so well
In cricket and football?
I see Her Majesty
Is visiting here
How good for one and all

Fish and chips
For me today
Maybe Irish stew
Mayhap a portion
Of tiramisu
That I will share with you

Talkin proppa
Cockney style
Or maybe even Scouse
Celtic words
I give to you
Whilst listening to Strauss

Mind 'ow ya go guv'nor

Printed in Great Britain
by Amazon